AF258058

UNE AMBASSADE

A LA COUR PONTIFICALE

—

Épisode de l'Histoire du Palais des Papes

UNE AMBASSADE

A LA

COUR PONTIFICALE

Épisode de l'Histoire du Palais des Papes

AVIGNON

SEGUIN FRÈRES, IMPRIMEURS-ÉDITEURS

13, rue Bouquerie, 13

—

1883

UNE AMBASSADE

A LA COUR PONTIFICALE

Épisode de l'Histoire du Palais des Papes

La puissance pontificale, transportée par Clément V et par Jean XXII, d'Italie en France, n'avait rien perdu sous leur successeur Benoît XII, de son importance et de son éclat. La cour d'Avignon, cette autre Rome, nombreuse, brillante, avec tout son monde de cardinaux, d'archevêques, d'évêques, d'abbés, de moines, de nobles seigneurs, venus de tous les points de l'Europe, avait remplacé les vieux palais romains des bords du Tibre, par de nouveaux palais élevés sur les bords du Rhône, où les empereurs et les rois s'accoutumèrent à venir, comme autrefois à Rome, demander au Souverain Pontife, la confirmation de leur autorité et la bénédiction de leurs couronnes. Aussi peut-on dire qu'à cette époque, aucun évènement considérable ne se passait en Europe et dans le monde chrétien sans que la cour d'Avignon en fût instruite et que cette vieille cité était devenue le centre des négociations de la diplomatie européenne.

Sous Benoît XII, ce prélat ombrageux qu'un de

ses biographes qualifie de dur, d'avare et d'entêté, *durus, avarus* et *tenax*, et qu'un autre compare à Néron, en l'appelant *la mort des laïques, la vipère du clergé, l'ennemi du vrai* et *la coupe remplie de fiel*, toutes les grandes questions venaient se dérouler et se traiter entre les murs de cette forteresse qu'il avait élevée et que son architecte avait construite d'après ses vues. C'est de là que partaient les envoyés du pape à Louis de Bavière, à Frédéric de Sicile, aux rois de Pologne et de Hongrie, et c'est au fond de son palais, entouré de quelques cardinaux fidèles et dociles qu'il recevait leurs ambassadeurs. C'est de là que partaient les réformes du clergé ou les convocations aux conciles comme celui de S.-Ruf qui se tint dans la vieille église romane située aux portes même d'Avignon.

On y vit, en 1336, l'année même de la prise de possession par le pape de son Palais Apostolique, le roi de France, Philippe VI de Valois, accompagné de Jean de Normandie, son fils, venant négocier lui-même avec Benoît XII.

En 1338, la ville pontificale recevait une ambassade qui dut produire une singulière impression sur ses habitants. C'était celle qu'envoyait à Benoît XII, du fond de l'Asie, le grand kan des Tartares. Elle était composée de quinze personnes et elle était conduite par un certain André Franc, porteur d'une lettre au souverain pontife, dont les historiens nous ont conservé la teneur.

« Nous envoyons notre ambassadeur André
« Franc, avec quinze compagnons au Pape, le

« père des chrétiens qui est en France, au-delà de
« sept mers, où le soleil se couche, pour ouvrir une
« voie entre nos légats que nous entendons d'en-
« voyer souvent au pape et d'en recevoir de sa part
« et pour le prier de nous envoyer sa bénédiction et
« de faire mention de nous dans ses prières, ainsi
« que des Alains, nos sujets et vos enfants chrétiens.
« Nous espéronsqu'ils nous porteront de l'Occident
« les merveilles qu'il produit, comme des chevaux
« et autres merveilles. »

Le Pape, ajoute l'auteur auquel nous emprun-
tons la traduction de cette lettre, vit avec plai-
sir ces ambassadeurs ; il les reçut avec dis-
tinction ; il nomma un d'eux officier dans ses
troupes, leur fit des présents à tous et leur remit
des lettres pour le grand kam et pour les autres
princes tartares.

L'année suivante, en 1339, on vit arriver à Avignon, Barlaam, évêque de S.-Sauveur, qui devait
devenir l'ami de Pétrarque et Etienne Dandolo,
noble vénitien, ambassadeur d'Andronic, empe-
reur de Constantinople, venant proposer au Pape
la réunion des églises grecque et latine et surtout
implorer son intervention près des cours de l'Europe pour secourir l'empire d'Orient chancelant et
menacé par les barbares.

En 1340, c'était l'ambassadeur de Jean et de
Lucquin Visconti, Guidole de Galatie, qui venait
prêter au Pape serment de fidélité en leur nom et
lui promettre cinquante mille florins d'or pour ré-

paration des dommages causés aux États pontificaux d'Italie.

En cette même année, Pierre d'Aragon, encore enfant, accompagné de Jacques II, roi de Majorque, venait rendre au Pontife hommage pour son royaume de Sardaigne et de Corse et reconnaître solennellement les droits du Saint-Siège sur ce royaume. Il fut reçu avec de tels honneurs et de telles réjouissances que, pendant son séjour, un incendie éclata dans les cuisines du palais, trop encombrées de victuailles probablement et faillit dévorer le nouvel édifice.

C'est pendant ce séjour du jeune prince aragonais à Avignon que, sur les instances de Benoît XII et de son entourage, fut décidée la croisade contre les Maures de Grenade, que le Pape fit publier deux mois après cette entrevue. Ces Maures, que, dès 1332, Mahomet, roi de Grenade, avait appelés à son secours et à la tête desquels marchait Aboumelik, fils d'Alboacem, finirent, à la suite de quelques ombats heureux, par être défaits et chassés par le général Castillan Gonzalvez Martinez. Aboumelik lui-même périt. Sa mort fut le signal d'une immense croisade de tout le monde musulman qui prit de nouveau les armes contre les chrétiens d'Espagne et de Portugal. Les historiens espagnols, avec une exagération toute patriotique, évaluent à 70,000 hommes de cavalerie, à 400,000 hommes d'infanterie, 1250 vaisseaux et 70 galères, les forces des Maures, qui, après avoir écrasé la flotte chrétienne commandée par l'amiral d'Aragon, envahirent pendant cinq mois entiers, le sud de la péninsule ibérique, dans laquelle ils avaient pénétré par Algésiras sur le détroit de Gibraltar.

Devant ce nouveau péril de la chrétienté, Benoît XII prêcha la croisade ; il l'accorda non seulement pour les trois royaumes de Castille, d'Aragon et de Portugal, mais aussi pour ceux de Navarre et de Majorque, c'est-à-dire pour toutes les Espagnes chrétiennes. Alphonse XI, roi de Castille, Pierre IX d'Aragon, Alphonse IV de Portugal, réunirent leurs forces pour les opposer à ce déluge d'infidèles. Elles n'étaient pas comparables à celles de leurs redoutables ennemis ; les deux armées réunies ne comptaient guère plus de 25,000 fantassins et de 14,000 cavaliers. Cependant, entraînés par les exhortations des nombreux archévêques et évêques qu'on vit, jusques dans la mêlée, relever les courages et exciter les chevaliers chrétiens, les deux rois de Castille et de Portugal, fils et petit-fils d'Élisabeth, s'approchèrent de Tariffa que les rois Maures tenaient assignée et prirent leurs retranchements aux bords de la petite rivière de Salado, qui sépara les deux armées. Les rois chrétiens livrèrent bataille à l'innombrable armée maure ; le choc fut terrible ; on vit, au plus fort le l'action, l'archevêque de Tolède, le fameux Gilles d'Albornas diriger les mouvements et exciter le roi de Castille à poursuivre le massacre ; un chevalier français, envoyé spécial du Pape, portait la croix devant les rois chrétiens. La cavalerie castillane tomba, avec tant d'ardeur et d'intrépidité sur les Musulmans qu'ils ne purent résister. On en fit un horrible carnage ; les historiens espagnols parlent de 200,000 morts, mais Villani porte à 20,000 hommes le chiffre des morts, ce qui est déjà énorme pour l'époque. Un immense butin fut le prix de la victoire ; les innombrables richesses que les Maures traînaient après leur armée furent partagées par les vainqueurs.

« Après la déroute de l'armée, dit l'historien » Mariana, les chrétiens demeurèrent maîtres du « champ de bataille et du camp des ennemis, qu'ils « pillèrent, et dans lequel ils trouvèrent des ri« chesses immenses, tout le bagage des principaux « officiers, habits magnifiques, superbes ameuble« ments, étoffes précieuses et enfin une si grande « quantité d'or et d'argent qu'étant, depuis cette « journée, devenu plus commun en Espagne, le « prix de la monnaie y baissa considérablement et « la valeur des denrées et des marchandises haussa « à proportion (1).

Le Pape Benoît XII, qui avait été l'instigateur de la croisade et qui avait soutenu, par ses envoyés les rois d'Aragon et de Castille, dans ces circonstances difficiles, devait lui aussi prendre part au butin. La manière dont Alphonse de Castille lui apprit cet heureux évènement est un épisode assez curieux de l'histoire de ce pontificat et aussi de celle du Palais des Papes.

Vers la fin d'octobre 1340, la cité pontificale

____

(1) Mariana. *Hist. d'Espagne*, tome III, liv. XVI, p. 470.

d'Avignon, accoutumée pourtant aux honneurs,
aux réjouissances, aux fêtes de toute sorte, assista
à un spectacle nouveau pour elle et dont l'étran-
geté dut passionner la foule toujours avide d'émo-
tions. On vit arriver par la route d'Espagne à Rome,
comme on disait alors, c'est-à-dire par Villeneuve
et le vieux pont S.-Bénézet, une véritable caravane
venant de Castille, envoyée par Alphonse XI, vers
le Souverain Pontife. Toute la cour pontificale
tout le Sacré-Collège, cardinaux sur leurs mules ca-
paraçonnées, archevèques, évèques, foule immense
faisant cortège, s'avança jusques hors la ville au
devant de cette brillante et nombreuse ambassade,
dont l'historien espagnol Mariana nous a laissé la
description suivante :

« Alphonse XI voulut aussi faire part au Pape
« Benoît XII du riche butin que l'on avait fait sur
« les Maures : il lui envoya une solennelle et
« magnifique ambassade à Avignon pour lui offrir,
« de la part des deux rois, les présents, qui
« consistaient en cent beaux chevaux avec les plus
« riches et les plus superbes harnais où étaient atta-
« chés les boucliers et les cimeterres des principaux
« officiers maures tués dans le combat. Il y avait
« encore vingt-quatre drapeaux et l'étendard royal
« des infidèles, le cheval que le roi de Castille avait
« monté lui-même le jour de la bataille et quantité
« d'autres choses précieuses. Don Juan Martinez
« de Leyva, chef de l'ambassade devait porter la
« parole et offrir les présents   à Sainteté. Les
« cardinaux sortirent de la ville et allèrent au de-

« vant des ambassadeurs pour les recevoir et leur
« faire honneur. Le Pape, après avoir dit solennel-
« lement la messe selon la coutume, en action de
« grâces d'un si grand avantage remporté par les
« chrétiens sur les infidèles, prêcha devant toute
« sa cour et un grand nombre de princes et de
« seigneurs qui se trouvèrent alors à Avignon ; il
« fit dans ce sermon l'éloge des rois de Castille et
« de Portugal et dit mille choses avantageuses à la
« gloire surtout du roi de Castille (1). »

Les biographes de Benoît XII, relatant le même
fait, ajoutent que les cent chevaux étaient conduits
par autant d'esclaves maures et que les trophées
enlevés à l'armée musulmane et l'étendard d'Alphonse de Castille furent suspendus, par ordre du
Souverain Pontife, dans la chapelle de son Palais,
où ils sont encore conservés, dit l'un d'eux.

Quelle était cette chapelle pontificale dont les
murs virent flotter ces riches et glorieuses dépouilles, et dans quelle partie du palais de Benoît XII,
était-elle située ? Aucun historien, aucun chroni-
queur ne l'a dit, et parmi les nombreux auteurs qui
jusqu'à ce jour se sont occupés du Palais des Papes,
aucun n'a même soupçonné l'existence d'une chapelle pontificale, du temps de Benoît XII. Les traces en étaient pourtant encore visibles, malgré les
mutilations qu'elle a subies du temps et des hommes,
et grâce à des documents certains, nous avons pu
non seulement la retrouver, mais nous sommes

(1) Mariana, tom. III, liv. XVI, page 472, 473.

fier d'en avoir provoqué le premier et obtenu la restauration. C'était cette chapelle que, dans les premiers temps de son pontificat, entre 1335 et 1336, Benoît XII avait fait édifier sur les débris du palais épiscopal d'Avignon et des constructions commencées par Jean XXII. Après avoir fait construire la grosse tour de la Campane, le Pontife donna l'ordre à son architecte, *Pierre Poisson*, de relever ou plutôt d'agrandir la chapelle pontificale de Jean XXII, l'ancienne *Capella Sancti Stephani*. Elle était située dans la partie septentrionale du Palais, entre les deux grandes tours de la Campane et de Trouillas, et elle longeait l'antique sanctuaire de Notre-Dame des Doms. La rapidité avec laquelle s'éleva la nouvelle construction montre mieux que tous les documents l'impatience du Pontife de terminer son Palais Apostolique. Elle fut, en effet, élevée en dix mois. Commencée vers le mois de septembre 1335, elle était terminée au mois de juin 1336. Elle coûta environ 12,000 florins d'or. Benoît XII appela, pour en décorer l'intérieur, non pas Simeone Memmi, comme on l'a si souvent écrit, mais d'autres peintres français et italiens, Pierre Dupuy, le peintre de Jean XXII, Mattheo Lorenzo, Mattheo Giovanetto et beaucoup d'autres dont les noms sont inscrits dans les registres caméraux (*cameralia*) du Vatican. Ce pape, si économe des deniers pontificaux, si dur, *avarus, durus*, n'avait donc pas hésité à sacrifier pour son palais naissant d'Avignon, des sommes très considérables. Cette chapelle est qualifiée, dans une bulle de Benoît XII du 23 juin 1336, de spacieuse et magnifique, *spatiosam et speciosam*. Il y avait attaché de nombreux privilèges, et des indulgences étaient accordées à ceux qui la visiteraient. Cet édifice, dans lequel on avait prodigué le luxe artistique de l'époque, n'eut pas une longue existence. Dès le commencement du XV° siècle, la voûte, recouverte tout entière de fresques et de peintures, s'écroula, soit sous les coups des Catalans assiégeant le Palais et l'antipape Pierre de Luna, en même temps que tombait par leurs mains le clocher carlovingien de la métropole, soit à la suite d'un incendie considérable qui eut lieu à cette même époque, dans cette partie du palais et qui a donné naissance à la légende de la Salle brûlée. Nous retrouvons encore cette chapelle de Benoît XII, au XVII° siècle, dans un acte de 1667, ainsi désignée : *La chapelle qui est dans l'enclos du Palais Apostolic, entièrement détruite et ruinée, nommée la chapelle de saint Jean et tout à fait inutile au Palais*, « *ac prorsus Palatio Apostolico inutilis.* »

A cette époque une partie de cette chapelle fut concédée par le légat Flavien Chigi au chapitre métropolitain pour servir de sacristie à la métropole. Enfin, de nos jours, ce vénérable édifice, curieux à tant de points de vue, et qui fut témoin de tant de faits historiques, faisait partie des prisons départementales. Il était affecté à la prison des femmes, dont le préau se trouvait entre les murs découronnés de la chapelle elle-même. Les travaux considérables de restauration qui sont en cours d'exécution et qui consistent dans la reconstruction de la voûte et dans la restauration intérieure pour y installer les archives départementales, arrêteront pour longtemps l'œuvre de destruction. Nous ne reverrons jamais, sans doute, cette chapelle dans sa splendeur première ; les merveilleuses fresques qui en décoraient les murailles, œuvres d'artistes émérites dont nous ne connaissons plus que les noms, ont à jamais disparu ; nous ne reverrons plus, suspendus à ces voûtes, les trophées pris sur les Maures de Grenade et l'oriflamme du roi de Castille ; nous n'y verrons plus, sous leurs habits de pourpre et d'or, défiler la longue suite des cardinaux. Mais ces murs, sauvés d'une destruction complète, abriteront encore, dans leur enceinte séculaire, de précieuses dépouilles du passé, uniques témoins restant aujourd'hui de tant de splendeur et les seuls qui permettent d'en retrouver certainement les traces.

L. D.

Avignon. — Imp. SEGUIN Frères, rue Bouquerie.